Márcia Longo

Abuso Sexual na Infância: Como lidar com isso?

— *Volume 1* —

2ª Edição

Araras – SP
Edição Murilo Santos
2019

Dados Internacionais de Catalogação na Publicação (CIP)
Ficha Catalográfica feita pelo editor

L856a	Longo, Márcia
	    Abuso Sexual na Infância: Como Lidar com Isso? / Márcia Longo. Araras: edição Murilo Santos, 2019. 88 p.
	
	    ISBN 978-85-907-4270-8
	
	    1. Pedagogia. 2. Abuso Sexual. 3. Revisão Bibliográfica. 4. Não-Ficção.
	
	    I. Abuso Sexual na Infância: Como Lidar com Isso? II. LONGO, Márcia. III. SANTOS, Murilo.
	
	<div align="right">CDD: B371
	CDU: 37</div>

— PREFÁCIO —
NADA ALÉM DE MIM...

Quando comecei era apenas uma criança: sem medos, sem traumas, sem dores...
O medo era de ver o Papai Noel,
O trauma era não poder brincar com a amiguinha,
A dor era a do joelho ralado no quintal.

Mas depois era apenas a menina: com medos, com traumas, com dores...
Medo de ser tão má a ponto de tomar o lugar da mamãe;
Trauma de ser tão suja porque sentia o proibido;
Dor de ser tão menina e já ser mulher.

E então era apenas a moça,
E o medo escondeu o trauma, pra ninguém ver a dor.

Finalmente me tornei mulher.
Ironia...

A menina já era a mulher, e a mulher nunca deixou de ser a menina!

O medo e a dor não se escondem mais: perderam a vergonha do trauma.

Estão escancarados, e não são nada além de mim...

NUNES, Silvia
dezembro de 2005.

SUMÁRIO

CAPÍTULO 1 — DESMITIFICANDO CONCEITOS 10
Mitos 11
CAPÍTULO 2 — DEFININDO O ABUSO SEXUAL 22
Como podemos definir abuso sexual na infância e adolescência? . 22
Qual é a incidência de abusos sexuais na infância? 25
As muitas faces da coerção 30
Como se comportam os abusadores segundo SANDERSON (2005)
.... 34
Definindo a pedofilia 36
Porque as crianças não contam? 40
CAPÍTULO 3 — COMPREENDENDO O DESENVOLVIMENTO SEXUAL 42
Como ocorre o desenvolvimento sexual nas crianças 42
Fases do desenvolvimento sexual segundo SANDERSON 44
CAPÍTULO 4 — PREVENÇÃO E INTERVENÇÃO 50
Treinando o olhar do educador para identificar o abuso sexual 54
CAPÍTULO 5 — AÇÕES EFETIVAS DE PAIS E EDUCADORES 61
A escola interrompendo o ciclo da violência sexual e dos maus tratos
.... 61
Desenvolvendo um programa de educação para a saúde sexual com toda a comunidade escolar 63
Os aspectos jurídico-legais 64
Os Crimes Sexuais e o Estatuto da Criança e do Adolescente 67

Porque devemos denunciar os casos de abusos sexuais? 69

Por que muitos educadores, se negam a notificar as autoridades? . 70

Notificando as suspeitas ou ocorrências de violência sexual 73

Como conversar com a criança sobre os perigos dos abusos sexuais 77

CAPÍTULO 6 — CONSIDERAÇÕES IMPORTANTES, MAS NÃO FINAIS! **82**

Como mobilizar a sociedade para enfrentar o abuso sexual na infância 82

REFERÊNCIAS BIBLIOGRÁFICAS **85**

— APRESENTAÇÃO —

Quando falamos em maus tratos ou abusos sexuais contra crianças e adolescentes, a primeira imagem que nos vem à cabeça é a daquela família pobre, desestruturada, cheia de filhos, que vive à margem da sociedade. Se quisermos resolver o problema dos maus tratos e dos abusos sexuais, devemos em primeiro lugar rever nossos conceitos sobre infância, sobre o desenvolvimento infantil, sobre nossos papéis como adultos nesta relação e sobre o quanto nós educamos nossos filhos para serem "abusados" pela sociedade.

Aquela imagem do poder do adulto que sempre está certo, que tem razão, não importando o que faça, deve cair por terra. Como ensinar uma criança a se respeitar, se o adulto não a respeita? Como ensinar-lhe que ela tem o direito de se defender, se, quando ela o faz, nós a chamamos de mal educada?

Tais questões são abordadas neste trabalho de revisão bibliográfica que pretende informar e formar pessoas que possam atuar no sentido de trabalhar com a prevenção e, ao mesmo tempo, com a compreensão adequada, em termos legais do desenvolvimento psíquico e físico de crianças e adolescentes.

Nossa visão de mundo sexista (machista), "adultocêntrica" e preconceituosa só contribui para criar pessoas frágeis, indefesas, alvos fáceis de adultos abusivos e violentos.

Quem quiser se aprofundar numa política de Educação Sexual, inevitavelmente, vai ter que lidar com a formação de cidadãos, vai educar seus filhos e alunos para este exercício, vai exigir políticas mais adequadas, vai exigir que se tenha incentivo governamental para desenvolver projetos.

O futuro do país está nas mãos das crianças de hoje. Como será esse futuro, levando-se em consideração os cidadãos que estamos (de)formando?

A autora

— CAPÍTULO 1 —
DESMITIFICANDO CONCEITOS

Esta cartilha foi pensada para ajudar pais e professores a entender o Abuso Sexual na Infância e Adolescência (ASIA)[1], suas consequências, como preveni-lo e, principalmente, como ajudar alguém que esteja vivenciando uma experiência de abuso.

Segundo vários autores que pesquisam o assunto, a grande maioria das pessoas ainda tem muitas dificuldades em abordar o tema e suas implicações na vida cotidiana e tem uma visão distorcida a respeito do abuso, dos abusadores, da família onde ocorre o abuso, da própria criança ou adolescente, da veracidade dos fatos entre outras coisas.

Existem alguns mitos relacionados ao abuso. SANDERSON (2005) e FORWARD (1986) apontam os principais que resumidamente apresentamos e que precisamos entender antes de aprofundar nosso estudo sobre a questão.

---

[1] **ASIA:** abreviação para Abuso Sexual na Infância e Adolescência

— *MITOS* —

Mito 1 - O Abuso Sexual de Crianças é uma Coisa Rara

O ASIA é muito mais comum do que as pessoas gostariam. Ainda que as pesquisas na área não sejam suficientes, estima-se que uma entre cada quatro mulheres e um em cada seis homens sofreram algum tipo de abuso sexual na infância ou adolescência. Alguns pesquisadores acreditam que esse número possa ser maior visto que a grande maioria das pessoas não denuncia suas experiências de abusos sexuais.

A consequência desse mito é que a grande maioria dos casos de abuso acaba sendo ignorado por pais e professores.

Quadro 1 Mito 1 - O Abuso Sexual de Crianças é uma Coisa Rara

Mito 2 - As Meninas Correm mais Riscos de Serem Abusadas Sexualmente do que os Meninos

Apesar de as pesquisas apontarem um grande número de mulheres que sofreram abusos, os homens correm os mesmos riscos.

Pode ser mais difícil para um menino revelar suas experiências de abuso sexual, visto que o preconceito e os valores machistas de nossa sociedade encarem como fraqueza, homossexualidade ou como uma "simples" iniciação sexual. Acredita-se, segundo as pesquisas, que meninas são mais vitimizadas em casa e os meninos na comunidade.

Quadro 2 Mito 2 - As Meninas Correm ais Riscos de Serem Abusadas Sexualmente do que os Meninos

Mito 3 - O Abuso Sexual Acontece Somente em Certas Comunidades Culturais ou Sociais

O abuso sexual acontece em todas as culturas, classes sociais, etnias e religiões. O perigo em se acreditar nesse mito é que não consideramos os verdadeiros riscos a que estão expostas as crianças e adolescentes na comunidade.

O ASIA pode ocorrer em qualquer comunidade, com qualquer criança ou adolescente. Se quisermos proteger de fato nossas crianças, precisamos entender os mecanismos do abuso sexual em nossa sociedade.

Quadro 3 Mito 3 - O Abuso Sexual Acontece Somente em Certas Comunidades Culturais ou Sociais

Mito 4 - O Abuso Sexual em Crianças Só Ocorre em Famílias Desestruturadas

O abuso sexual pode acontecer em qualquer família. O que motiva um abusador são suas fantasias sexuais com crianças e adolescentes.

Segundo pesquisas, 87% dos abusos sexuais acontecem dentro de casa, por uma pessoa muito próxima da criança, em famílias acima de qualquer suspeita na sociedade, o que dificulta ainda mais a denúncia e apuração dos fatos, porque todos se "recusam" a acreditar que aquela pessoa tão respeitável abusa de seus filhos/vizinho, etc.

Quadro 4 Mito 4 - O Abuso Sexual em Crianças Só Ocorre em Famílias Desestruturadas

Mito 5 - O Abuso Sexual em Crianças está aumentando

O abuso sexual em crianças sempre existiu. Devido aos segredos que rodeiam os mitos ligados ao ASIA não temos pesquisas sobre a questão, mas é possível verificar em textos e artigos ligados ao tema, vários relatos sobre abusos em épocas diferentes na evolução da humanidade.

O que acontece hoje em dia, é que como a sociedade tem se mostrado mais resistente ao abuso sexual em crianças, muitas denúncias estão sendo feitas e muitos relatos de adultos que passaram por experiências de abuso estão vindo à tona, mostrando o lado obscuro do abuso sexual.

Quadro 5 Mito 5 - O Abuso Sexual em Crianças está aumentando

Mito 6 - Só Estranhos Abusam Sexualmente de Crianças e Adolescentes

Há alguns anos atrás existia o medo do estranho que causava danos às crianças.

Contudo, com as novas denúncias sobre abusos sexuais essa crença acabou desabando: as pesquisas indicam que 87% dos casos de abuso acontecem com uma pessoa conhecida da criança ou adolescente.

Alguém da própria família como pais, padrastos, mães, tios, avós, ou da comunidade, vizinhos, amigos, treinadores, professores, religiosos, etc., qualquer um pode ser o abusador.

Quadro 6 Mito 6 - Só Estranhos Abusam Sexualmente de Crianças e Adolescentes

Mito 7 - Abusadores Sexuais São Monstros

A realidade é bem diferente: para que um abusador consiga "atingir" seu objetivo, é necessário que ele se torne amigo da criança ou adolescente, dos seus pais e pessoas responsáveis pelo cuidado da criança.

Se ele se mostrasse como um monstro desde o início, não conseguiria "atingir" seu objetivo.

Portanto, os abusadores são "especialistas" em enganar as crianças e também seus pais.

Na maioria das vezes, são pessoas extremamente simpáticas, agradáveis, gentis e atenciosas que agem dessa forma para conseguir conquistar e ganhar a confiança da criança e de seus pais, tornando-se os melhores amigos.

Depois de conseguir a confiança de todos é que ele segue com seus planos. Isso pode levar meses até que o abusador se sinta seguro e comece a segunda parte do plano: abusar sexualmente da vítima.

Por isso, é tão difícil identificar o abusador sexual na sociedade: eles parecem pessoas saudáveis e equilibradas, são membros da sociedade local e podem exercer qualquer função como: médicos, religiosos, professores, treinadores, motoristas, entre outras.

O lado negativo disso é que, mais uma vez, a vítima fica numa situação difícil para denunciar o abusador porque ele é uma pessoa bem vista na sociedade.

Quadro 7 Mito 7 - Abusadores Sexuais São Monstros

Mito 8 - As Crianças Mentem e Fantasiam Muitas Coisas, incluindo o Abuso Sexual

As crianças realmente fantasiam muitas coisas, mas isso não significa que elas fantasiem sobre suas experiências de abuso.

A maioria das crianças não possui uma noção clara sobre o que é abuso sexual e o que está acontecendo. Normalmente também não tem noções sobre o corpo sexual de um adulto.

As crianças têm curiosidade sobre questões sexuais e isso não quer dizer que elas tenham percepções e fantasias sobre sexualidade como um adulto.

Às vezes elas até podem ter certo conhecimento quando mais velhas, mas ainda assim elas não desejam ou fantasiam sobre experiências sexuais com adultos.

Essa visão distorcida é mais um argumento do abusador para tirar a responsabilidade de seus atos e desacreditar a criança ou adolescente.

Quadro 8 *Mito 8 - As Crianças Mentem e Fantasiam Muitas Coisas, incluindo o Abuso Sexual*

Mito 9 - O Abuso Sexual em Crianças Não Causa Danos

Segundo pesquisas, foi comprovado que o ASIA pode deixar várias consequências a curto, médio e longo prazo.

O argumento usado pelo agressor é de que, como isso aconteceu no passado, a pessoa esquece o que houve e levará uma vida normal.

Como as crianças exploram as diferenças entre seus corpos, os abusadores usam isso como justificativa para dizer que elas "queriam" o abuso.

Normalmente são os adultos que orientam as crianças e, se um adulto em quem a criança confia, disser que algo está correto ela vai aceitar isso como apropriado. Isso gera um conflito muito grande na criança, que passa a duvidar de suas percepções, porque instintivamente ela sabe que aquilo não está correto pela maneira de agir do abusador (exceto, é claro, crianças muito pequenas, em estágios ainda pré-verbais e que não dispõe de uma linguagem para falar sobre o que está acontecendo), mas ao mesmo tempo ele garante que é normal esse relacionamento entre crianças e adultos.

O que a criança não é capaz de observar, é que ela é impedida de tomar qualquer atitude que impeça o abuso, seja através da violência física, emocional ou psicológica. Então, quando ela pensa estar concordando com o abuso, na verdade está sendo coagida a aceitar o que um adulto está propondo. Temos que levar em consideração que o abusador, na maioria dos casos, seduziu essa criança para se comportar da maneira que ele queria. Esses sentimentos confusos geram muita ansiedade na criança que, a partir daí, pode desenvolver vários problemas comportamentais, sociais e psicológicos, que vão influir diretamente em suas vidas depois de adultos.

Quadro 9 *Mito 9 - O Abuso Sexual em Crianças Não Causa Danos*

Mito 10 - Pais e Responsáveis são Capazes de Determinar se uma Criança está sendo Abusada Sexualmente

As consequências dos abusos sexuais são muito variadas. Uma criança pode tentar falar sobre sua experiência de abuso de várias formas.

Infelizmente, nem sempre é tão simples de perceber. Trataremos de alguns sinais posteriormente.

Quadro 10 *Mito 10 - Pais e Responsáveis são Capazes de Determinar se uma Criança está sendo Abusada Sexualmente*

Mito 11 - Devemos Evitar Falar Sobre ASIA Para Não Assustar As Crianças

Não falar sobre o ASIA deixa a criança ainda mais desprotegida e permite que elas sejam manipuladas pelo abusador.

É a informação que vai possibilitar a criança o conhecimento sobre seu corpo, sobre como ele pode ser tocado e por quem, afastando assim o perigo do ASIA.

É possível orientar as crianças, sem amedrontá-las sobre sua sexualidade e suas formas de expressão, dando à criança e ao adolescente o direito de decidir quando, onde e com quem eles vão participar de jogos e brincadeiras para descobrir sua expressão sexual.

Quadro 11 Mito 11 - *Devemos Evitar Falar Sobre ASIA Para Não Assustar As Crianças*

Quando falamos sobre mitos e verdades relacionados com a questão do ASIA estamos tentando desmitificar conceitos e crenças que fazem parte do pensar da grande maioria das pessoas.

Se quisermos realmente proteger nossas crianças e adolescentes teremos que mudar esses conceitos e passar a olhar o abuso sexual com toda a gama de sentimentos, de medos, de raiva, de omissão e tentar entender o que leva um adulto a se excitar sexualmente com uma criança e o que o leva a praticar um ato tão "horrível" para uns e tão "normal" para outros.

Teremos também que entender nossas dificuldades em relação a nossa própria sexualidade e em relação à sexualidade humana:

Como lidamos com nossas necessidades sexuais, como as negamos como lidamos com a homossexualidade, a masturbação, o aborto entre outras coisas?

Como admitimos nosso corpo erótico e como lidamos com isso com nossos filhos, maridos, alunos, amigos e etc?

Quais são os nossos tabus e crenças a respeito da sexualidade que nos impede de abrir os olhos e enfrentar a realidade do ASIA?

— CAPÍTULO 2 —
DEFININDO O ABUSO SEXUAL

COMO PODEMOS DEFINIR ABUSO SEXUAL NA INFÂNCIA E ADOLESCÊNCIA?

Pelos estudos realizados, o abuso sexual é descrito como toda situação em que uma criança ou adolescente é usado para gratificação sexual de pessoas mais velhas. O uso do poder pela dependência entre abusador e abusado é o que mais caracteriza esta situação.

Segundo ABRAPIA:

> O abusador se aproveita do fato de a criança ter sua sexualidade despertada para consolidar a situação de acobertamento. A criança se sente culpada por sentir prazer e isso é usado pelo abusador para conseguir o seu consentimento. (ABRAPIA, 2002)

A violência sexual consiste não só numa violação à liberdade sexual do outro, mas também numa violação aos direitos humanos de crianças e adolescentes. É praticada sem o consentimento da pessoa vitimizada. Quando é cometida contra as crianças, representa um crime ainda mais grave.

Alguns pesquisadores acreditam que o abuso sexual não é tão prejudicial à criança e têm definições menos amplas sobre o que é abuso.

Não podemos deixar de registrar que o abuso é uma questão social e que pode mudar de definição segundo a região, quando é considerada a maioridade, culturas diferentes entre outros fatores. Também é importante constatar exatamente o que é abuso sexual. Algumas famílias com hábitos mais liberais podem agir de uma forma em que a criança não se sinta molestada e, em algumas outras famílias, o mesmo comportamento pode ser identificado como abusivo.

O limite que separa carinho de carícia pode ser muito pequeno e definir esse parâmetro para usar como modelo deve ser bem diagnosticado evitando assim causar danos às crianças e adolescentes em sala de aula quando for abordar o tema.

É preciso também identificar outros tipos de violência a que estão sujeitas uma criança ou adolescente como: abuso físico (agressões físicas, espancamentos, castigos físicos), emocional (humilhação, ofensas, xingamentos), a negligência (deixar de prover o bem estar físico, emocional e psicológico) e o abuso sexual.

Normalmente o abuso sexual acontece em conjunto com outros tipos de violência contra a criança. Uma criança ou adolescente que sofre agressões físicas ou verbais é mais vulnerável a ação dos abusadores, visto que sua autoestima está desacreditada e por isso sente-se desestruturada e carente, tornando-se um alvo fácil para ser manipulada pelo abusador.

O ASIA pode incluir várias atividades sexuais com ou sem contato físico como exposição indecente, exibicionismo, voyeurismo, uso de crianças em imagens pornográficas, fotografia, linguagem inapropriada em relação a sexo, nudez, comportamento sexual na frente da criança, aliciamento de crianças para práticas sexuais, beijos, toques sexuais, sexo oral, anal ou vaginal, entre outras formas de abuso.

Um relacionamento envolvendo a sexualidade de uma criança ou adolescente com um adulto ou uma pessoa mais velha, em que está implícita a diferença de tamanho, poder, de idade podem ser caracterizados como abuso sexual.

QUAL É A INCIDÊNCIA DE ABUSOS SEXUAIS NA INFÂNCIA?

No Brasil, não existem ainda muitas pesquisas na área, as iniciais apontam as seguintes descobertas:

i. Existe reincidência do abuso. Os abusadores não se limitam a abusar de uma única pessoa nem da mesma pessoa uma só vez. Ele pode se restringir a um único episódio, entretanto o mais comum é que a prática se repita várias vezes e durem meses ou anos;

ii. Esta é uma forma de violência para a qual existem altos índices de impunidade. Como já foi dito, na maioria das vezes, o abusador é um membro da família que exerce importante posição econômica e de autoridade, favorecendo a criação de um "pacto de silêncio" entre os membros do grupo familiar;

iii. Uma das consequências deste tipo de violência é à saída de muitas crianças e adolescentes para a rua. Muitas crianças fogem de casa motivadas pela agressão física, pela ameaça ou pelo abuso sexual;

iv. E o que é ainda mais drástico: há grandes probabilidades de a criança abusada se tornar um abusador no futuro. Se a criança não receber ajuda para elaborar a experiência vivida, ela tende a repetir esta violência com outras pessoas;

v. A primeira forma de maus tratos contra crianças e adolescentes é a agressão física. O abuso sexual é a segunda forma mais recorrente. Estima-se que, no Brasil, 165 crianças ou adolescentes sofrem abuso sexual por dia ou 7 a cada hora (ABRAPIA, 2002);

vi. A grande maioria das crianças abusadas é composta por meninas na idade entre 7 e 14 anos. De acordo com as estimativas, 1 em cada 3 ou 4 meninas brasileiras é abusada sexualmente até a idade de 18 anos. Da mesma forma, 1 entre 6 a 10 meninos é abusado até 18 anos.

vii. O incesto é uma das manifestações mais perversas da violência sexual. Um estudo realizado no ABC paulista registrou que 90% das gestações em jovens com até 14 anos foram fruto de incesto, sendo o autor, na sua maioria, o pai, o tio ou o padrasto (Faculdade Medicina ABC, 2001).

Quadro 12 *Incidências no Brasil*

Nos Estados Unidos, comparativamente, são registrados anualmente:

i.	Mais de 1,5 milhão de casos de maus tratos contra crianças e adolescentes, com mil óbitos anuais. São registrados 300 mil casos de abuso sexual de crianças e adolescentes e, entre esses, 4 mil casos de incesto pai-filha. Acredita-se que, para cada 20 situações de violência, somente uma é registrada;
ii.	1 criança é sexualmente abusada a cada 4 segundos;
iii.	1 em cada 4 garotas e 1 em cada 10 garotos são abusados sexualmente antes dos 18 anos;
iv.	90% das vítimas são abusadas por pessoas que elas conhecem, confiam e amam;
v.	Somente 1 em 4 garotas e 1 em cada 100 garotos tem o abuso sexual sofrido denunciado;
vi.	50% das vítimas se tornam abusadores;
vii.	Durante uma vida, um pedófilo ativo abusa, em média, de 260 crianças e adolescentes (Relatório CRAMI-ABCD, 2001).

Quadro 13 Incidências nos EUA

AS CAUSAS DO ABUSO E DA VIOLÊNCIA SEXUAL

A visão de crianças como seres puros e inocentes não ajuda muito no combate à violência sexual.

Em algumas sociedades antigas as crianças eram vistas como seres puros que eram capazes de "tirar" o mal que residia nos adultos e por isso eram usadas sexualmente como uma forma de purificar os adultos de seus males.

Desde os estudos de Sigmund Freud, sabe-se que as crianças são seres sexualizados: ter desejo sexual é saudável para seres humanos de qualquer idade e isso é explorado pelas crianças no decorrer do seu aprendizado.

Contudo, a responsabilidade em estabelecer a fronteira entre afeto e sexo é do adulto: a motivação da curiosidade infantil a respeito da sexualidade é completamente diferente da motivação de um adulto. O adulto tem o dever moral, ético e legal de não se aproveitar do desejo sexual da criança e do adolescente para satisfazer suas necessidades sexuais.

São muitos fatores que podem determinar que uma pessoa sinta atração sexual por crianças e adolescentes. A relação de poder, a virilidade masculina, um provável abuso na infância, a dificuldade em lidar com as frustrações do dia-a-dia são indícios que podem ser verificados na maioria dos abusadores.

Existe ainda uma grande quantidade de pessoas que tem desejos sexuais com crianças e adolescentes e nunca agem diante desses impulsos.

O abusador tenta justificar seu comportamento alegando que a criança gostou do contato sexual, que ela não se recusou a praticar sexo com ele (sem levar em consideração os sentimentos confusos da criança em relação ao que acontecia), que é uma forma de demonstrar amor ou, quando não houve uma relação sexual completa, que não foi abuso porque ele não feriu a criança.

Ainda existe um grande preconceito em relação a nossa sociedade que determina o papel do homem adulto como o provedor do bem estar da criança e do adolescente, devendo este obediência cega em relação ao adulto o que pode facilitar ainda mais para o abusador, visto que as chances de a criança contar ou ter a sua opinião levada em conta são muito pequenas.

Crianças são vistas como mentirosas e fantasiosas e isso também contribui para que os adultos minimizem os fatos quando alguém conta alguma coisa sobre abuso sexual. A primeira reação é acreditar que a criança está inventando, que é mentira e tentam justificar o comportamento do adulto abusador com coisas do tipo: "Ele é um bom pai de família", "É uma pessoa respeitável", etc.

AS MUITAS FACES DA COERÇÃO

Para FORWARD (1986), existe uma enorme dose de coerção psicológica intrínseca na relação pai-filho. Os adultos frequentemente subestimam os danos que sofreram, porque não percebem que a violência emocional é tão destrutiva quanto à física. Mesmo tendo passado muitos anos do abuso carregam sentimentos de culpa, vergonha e medo como se a responsabilidade pelo abuso sexual fosse deles.

As crianças são, por natureza, carinhosas e confiantes, um alvo fácil para um adulto pedófilo. A vulnerabilidade emocional de uma criança é geralmente a única alavanca que alguns agressores incestuosos precisam. Ela sente que é o adulto a pessoa responsável em determinar o que pode o que não pode ser feito.

Quando um adulto abusa sexualmente de uma criança pode prejudicar muito essa percepção da realidade. Quando dizemos a uma criança que caiu e se machucou que aquilo não foi nada, que já passou, estamos negligenciando sua percepção da realidade. Ela caiu e está doendo, esse é o seu sentimento.

Quando o abusador diz que é normal que crianças façam atividades sexuais com adultos (e ele diz que é para justificar seu comportamento) está colocando essa criança numa situação vulnerável, em primeiro lugar, para que ele possa continuar a ter a satisfação sexual e, em segundo lugar, dificultando que essa criança tenha uma percepção correta sobre seu corpo, sobre quem pode ou não tocá-lo, o que pode inclusive levar a outros abusos sexuais, uma vez que a criança pode internalizar a informação e achar normal sexo entre adultos e crianças.

Outros agressores reforçam sua vantagem psicológica com ameaças de sofrimento corporal, ameaças contra animais de estimação, a um outro adulto (a mãe, um irmão ou irmã) humilhação na frente das pessoas desacreditando seus atos ou de abandono (físico – ir embora) (emocional – eu não te amo mais) (psicológico – você não presta/só fiz isso porque você provocou).

Para uma criança, a ameaça de não ver mais sua família ou amigos será suficientemente aterrorizadora para persuadi-la a fazer qualquer coisa.

Os agressores também fazem uso de ameaças para garantir o silêncio de suas vítimas. Algumas das mais comuns são as seguintes:

"SE VOCÊ CONTAR EU TE MATO"
(ou bicho de estimação, ou alguém querido da criança)

"A MAMÃE VAI FICAR DOENTE"

"AS PESSOAS VÃO PENSAR QUE VOCÊ É LOUCA"

"NINGUÉM VAI ACREDITAR"

"A MAMÃE VAI FICAR FURIOSA COM NÓS DOIS"

"VOU TE ODIAR ATÉ MORRER"

"VÃO ME MANDAR PARA A CADEIA E NÃO VAI TER NINGUÉM PARA SUSTENTAR A FAMÍLIA"

Essas ameaças constituem chantagens emocionais que exploram os temores e as vulnerabilidades da criança: ela pode aceitar o contato físico e sexual com medo de ser responsabilizada por qualquer problema que venha a acontecer com sua família. Isso mais tarde gera um sentimento de culpa muito grande porque a criança se sente responsável pelo que houve, por não ter contado, por não ter denunciado e não consegue perceber a dimensão da pressão psicológica que viveu.

Além das coerções psicológicas, muitos recorrem à violência física para forçar as crianças a se submeterem ao ASIA, apesar de isso não ser muito comum. Algumas podem receber dinheiro, presentes ou tratamento especial como parte da coerção. Lembre-se de que o abusador precisa ser simpático e atencioso para conseguir aliciar uma criança e manter o relacionamento de abuso. Isso traz ainda mais confusão depois ao adulto porque, na maioria dos casos, o abusador foi gentil e a criança gostou de receber a atenção especial e se culpa ainda mais pelo que houve.

SANDERSON (2005) afirma que a principal consequência do abuso sexual no adulto é a sensação de culpa pelo que aconteceu. Muitas crianças, adolescentes e mesmo adultos, têm uma enorme dificuldade em falar sobre o que houve porque carregam sentimentos inapropriados de culpa e vergonha.

A mensagem do abusador foi tão convincente, que mesmo depois de terem passado anos do abuso, de a pessoa ser adulta e capaz de ver os fatos com outros olhos, ela ainda se culpa, achando que foi sua responsabilidade e não do adulto que a abusou.

COMO SE COMPORTAM OS ABUSADORES SEGUNDO SANDERSON (2005)

A princípio, o abusador pode não demonstrar nenhum interesse sexual: procura sempre ser agradável, dando razão as crianças, comprando presentes, doces, levando-as para passear, se oferecendo para cuidar delas na ausência dos pais, permitindo que faça coisas que os pais não permitiriam, são capazes de ficar horas brincando com crianças, insistem em brincadeiras com contato físico, abraçam, beijam, mesmo que a criança não queira.

A principal técnica de sedução é se tornar um amigo especial da criança, alguém em quem ela sente que pode amar e confiar.

Tudo isso serve para conquistar a confiança da criança e dos pais. Na medida em que estabelece essa relação de confiança, que percebem que a criança não vai denunciar, eles começam a introduzir atividades sexuais que podem começar com vídeos sexuais, revistas sobre sexo, para desinibir a criança, e depois, carícias, sexo oral, masturbação, até a relação sexual completa.

Essas mesmas observações devem ser levadas em consideração quando observamos o abuso cometido por alguém muito próximo a criança, como o pai, padrasto, mãe, entre outros.

O procedimento do abusador é o mesmo. Entre o desejo de abusar sexualmente da criança até a sua execução, o abusador pode levar meses planejando e seduzindo, até ter a certeza de que não será denunciado e de que contará com a submissão da criança aos seus desejos.

É importante lembrar que um abusador em potencial não vai mexer com uma criança que ele percebe ter informações corretas sobre seu corpo, sua sexualidade e que ele pressente que poderá denunciá-lo: ele vai procurar aquela criança que ele sabe que é vulnerável, seja pela falta de informações, ou pela falta de estrutura emocional (aquela criança que se sente inferior aos outros, tímida, medrosa, que não tenha diálogo com a família, que tem dificuldades em falar sobre seus sentimentos, que não seja valorizada nos seus relacionamentos familiares ou escolares).

Essas crianças são alvos fáceis porque se sentem carentes e, quando são enredadas numa trama de abuso, sentem-se responsáveis pelo que aconteceu, porque gostaram de receber aquela atenção especial, culpam-se e não denunciam seus abusadores.

O abusador sabe disso e se aproveita dessa informação para justificar seus atos, dizendo que a criança gostou quando na verdade, o que essa criança queria era ser tratada com carinho, respeito e amor. Isso pode dificultar muito a capacidade dessa criança de estabelecer relacionamentos onde exigem confiança.

O sentimento de ter sido traída nos seus desejos mais profundos, de receber atenção verdadeiros, podem afetar sua vida de uma forma muito dolorosa.

Recuperar a capacidade da criança em estabelecer novos relacionamentos depende principalmente do quanto essa criança vai receber de atenção e tratamento adequado para elaborar sua experiência de abuso e suas consequências em todas as fases de sua vida.

DEFININDO A PEDOFILIA

A pedofilia se define pela atração erótica por crianças. Esta atração pode ser elaborada no terreno da fantasia e depois se materializar por meio de atos sexuais com meninos ou meninas.

Ultimamente, as situações de pedofilia, associada à pornografia na internet, vêm sendo amplamente divulgadas na mídia nacional e internacional.

No Brasil, ocorrências de abuso sexual contra crianças envolvendo médicos, padres, educadores, síndicos e empregados de condomínios, entre outros profissionais, também têm sido denunciadas.

Para alguns a pedofilia é uma psicopatologia, uma perversão sexual com caráter compulsivo e obsessivo. O pedófilo é chamado agressor sexual preferencial. Contudo, existem posições contrárias a esta visão.

Grupos internacionais de pedófilos vêm se organizando em associações e redes que se multiplicam por todos os cantos do mundo, principalmente com o advento da internet. Eles não concordam com as bases morais e legais que proíbem relações sexuais entre adultos e crianças ou adolescentes. Eles defendem que o relacionamento sexual entre adultos e crianças é uma opção sexual e um direito. Alegam que suas atividades estão baseadas em sentimentos naturais e inofensivos.

Não se pode considerar a pedofilia como um tipo de personalidade, mas existem fatores de risco para que este tipo de comportamento se desenvolva e em que o ambiente é preponderante. A pedofilia pode ser um sintoma de um indivíduo inseguro e impotente. Normalmente, este indivíduo se imagina como criança, projetando essa fantasia nas crianças reais do mundo externo e procura tratá-las como gostaria de ser tratado.

O que parece existir de comum entre um indivíduo que pratica o incesto e outro que pratica a pedofilia é o seguinte:

i. Sujeito pedófilo pode também cometer atos de incesto. Além disso, ele pode ser cliente de prostituição infanto-juvenil e de produtos da pornografia infanto-juvenil.
ii. Muitos desses indivíduos sofreram violência sexual quando crianças.
iii. Meninos que não sofreram violência sexual, mas cujas irmãs sofreram, podem tornar-se agressores por identificação.
iv. A relação de poder e dominação é um forte motor desses atos, ainda que eles utilizem a sexualidade da criança muito mais como uma gratificação compensatória para um sentimento de impotência e baixa estima do que uma gratificação sexual.
v. Outra dimensão cultural é o fato de que pais, parentes e padrastos incestuosos e pedófilos compartilham uma série de crenças da nossa cultura adultocêntrica e certamente machista, tais como:

vi. O desvirginamento de uma mulher é um "prato" altamente cobiçado e sua conquista é generosamente celebrada no mundo da autoafirmação da masculinidade;

vii. Fazer sexo com adolescentes ocupa o topo da hierarquia das preferências sexuais de algumas pessoas. Isso ocorre por dois motivos. Primeiro, porque as jovens têm propriedades físicas e químicas que tornam o sexo mais prazeroso como, por exemplo, eles possuem vagina ou ânus mais apertados e, por isso mesmo, produzem mais prazer. Segundo, pela satisfação simbólica de manter o vigor sexual da juventude perdido na maturidade e na velhice ou pelo desejo de se eternizar num corpo jovem. Neste caso, a filha ou enteada representa dupla vantagem: tem qualidades que relembram as da esposa/namorada e ainda é jovem.

Quadro 14 Relação entre incesto e pedofilia

A sociedade precisa desenvolver técnicas de identificação e recuperação desses indivíduos. Não adianta colocar o pedófilo na cadeia se ele não receber orientação psicológica para que, quando termine sua pena e volte ao convívio social, não volte a abusar sexualmente de outras crianças.

Precisamos também pensar em formas de recuperação dessas famílias onde acontece o abuso preservando a integridade da criança, dos familiares próximos e do abusador. (ABRAPIA, 2002)

PORQUE AS CRIANÇAS NÃO CONTAM?

FORWARD (1986) indica que 90% de todas as vítimas de abusos jamais contam a alguém o que aconteceu, ou o que está acontecendo com elas. Ficam em silêncio não apenas porque receiam que façam qualquer coisa contra elas, como também, em grande parte, porque têm medo de dissolver a família ao colocarem um dos pais em situação difícil.

O abuso pode ser assustador, mas o pensamento de ser responsável pela destruição familiar é ainda pior. A lealdade à família é uma força incrivelmente poderosa na vida dos filhos, não importa o quanto essa família possa ser corrupta.

Nos raros casos em que o abuso é descoberto, a unidade da família é rompida: seja pelo divórcio, por outras medidas legais, afastamento da criança de sua casa ou a tensão muito grande de cair em desgraça, muitas famílias não conseguem sobreviver à revelação do abuso. Mesmo que essa destruição seja positiva, a criança se sente responsável e isto aumenta em muito sua carga emocional, que já é demasiada.

As crianças que sofrem abuso sexual conscientizam-se logo que sua credibilidade não é nada comparada à de seus agressores. Não importa se a mãe ou o pai é alcoólatra, um eterno desempregado, ou dado a violências: em nossa sociedade, um adulto é quase sempre mais digno de crédito que uma criança. Se os pais conseguiram alcançar algum sucesso na vida, esta lacuna transforma-se em abismo.

Outras razões por que as crianças não contam:

- Ameaças;
- Crianças mais novas veem o ASIA como normal;
- O processo de aliciamento é tão sutil que a criança não tem consciência do abuso;
- Distorção da realidade pelo abusador;
- Medo de punição;
- Medo de que não acreditem nela;
- Confusão na cabeça da criança – vergonha, culpa, embaraço.

Quadro 15 Algumas razões para o silêncio da vítima

— CAPÍTULO 3 —
COMPREENDENDO O DESENVOLVIMENTO SEXUAL

COMO OCORRE O DESENVOLVIMENTO SEXUAL NAS CRIANÇAS

Para que as crianças possam ter direito sobre seu corpo, sobre quem pode tocá-lo ou não, quando e como seu corpo se desenvolve, é necessário que ela tenha essas informações de uma maneira correta.

As crianças desenvolvem sua curiosidade ao longo da vida. Podem ficar curiosas de porque o céu é azul até como os bebês nascem. Dar respostas apropriadas faz com que ela desenvolva sua capacidade de observação e percepção da realidade. Se ela sabe que o bebê está na barriga da mãe, dizer que é a cegonha que trouxe, depois que nasceu, pode afetar sua percepção e desacreditar suas opiniões diante da vida.

A criança desenvolve-se em todos os sentidos e a sexualidade faz parte desse desenvolvimento. Ela vai explorar essa sexualidade ao longo da vida através de jogos, brincadeiras individuais e em grupos, através da observação do comportamento dos adultos, dos seus corpos, das diferenças entre os sexos, do que pode e do que não pode fazer. Os adultos serão seu ponto de referência em relação a tudo o que elas estiverem aprendendo.

O adulto sempre deverá ser responsabilizado por se aproveitar da curiosidade e do desenvolvimento natural sexual da criança para satisfazer suas necessidades. Por mais que a criança tenha demonstrado sua curiosidade em relação ao sexo não justifica que um adulto ou pessoa mais velha se aproveite disso. As curiosidades e expectativas de uma criança em relação à sexualidade são extremamente opostas ao de um adulto.

Cada fase do desenvolvimento humano é determinada por fatores sociais, familiares e psicológicos de cada indivíduo. Esses fatores estão interligados e vão determinar a capacidade de cada um de desenvolver o pensamento, a interpretação e origem dos fatos e sua resposta aos acontecimentos.

Em cada uma dessas fases está presente também a sexualidade.

Para SANDERSON (2005) quando as crianças são pequenas é no comportamento dos pais que elas vão buscar respostas para sua sexualidade. Se os pais batem em suas mãos quando vão trocar as fraldas do bebê, porque ele está tocando seus genitais, ele irá compreender a mensagem como: é proibido mexer nos genitais, é feio, sujo, etc. Se, ao contrário, os pais agem com naturalidade, permitindo a exploração genital, a criança aprende a lidar com sua sexualidade de uma forma mais saudável. Então, a resposta dos pais, professores e adultos é fundamental para que essa criança estabeleça um comportamento saudável e possa ter reações naturais diante de sua sexualidade, aprendendo inclusive, como se defender de um provável abuso sexual.

FASES DO DESENVOLVIMENTO SEXUAL SEGUNDO SANDERSON

i. A criança com idade entre 0 e 2 anos tem a sua sexualidade despertada através de brincadeiras ao acaso. São brincadeiras individuais e solitárias em que elas vão explorar seus genitais através do toque, do banho ou na troca de fraldas.;
Se essas descobertas forem agradáveis, aos poucos elas vão se tornando mais sociais;

ii. Entre os 2 e os 4 anos a criança explora suas atividades ao irem ao banheiro sozinhas ou no processo de aprendizagem de usar o banheiro, entre outras crianças da mesma idade, mostrando os genitais. Essas brincadeiras sempre são rápidas e alegres e não geram angústias nas crianças;

Entre 18 meses e 3 anos, é importante ensinar a ele ou ela o nome correto das partes do corpo;

iii. Pode acontecer, nessa fase, a descoberta da masturbação acidental, ou seja, a criança descobre que acariciando os genitais com as mãos ou com brinquedos tem uma sensação agradável. Embora isso seja natural a maioria dos pais e professores têm dificuldades em lidar com essa fase da criança e acaba agindo de maneira proibitiva.

É importante lembrar que numa fase normal de desenvolvimento esses comportamentos sexuais são rápidos e não são vivenciados com erotismo pela criança. Uma criança que está vivendo uma situação de abuso sexual pode ter os mesmos comportamentos só que de uma forma bem mais acentuada, ou seja, a brincadeira de manipulação sexual pode ser repetitiva e frequente, de uma forma mais sexualizada, gerando angústia e tensão;

iv. Na medida em que a criança se desenvolve as brincadeiras sexuais começam também a envolver outras crianças. São comuns brincadeiras de casinha, papai e mamãe, de médico, onde as crianças basicamente imitam o comportamento dos pais. Nesses momentos, as crianças estão elaborando as "lições" recebidas dos pais e internalizando essas informações através das brincadeiras. É muito improvável que as crianças façam coisas que causem dor extrema. Se a brincadeira passar dos limites, elas param;

v. Após os 5 anos a criança deve ser bem orientada sobre sua segurança pessoal e alertada sobre as principais situações de risco, sempre tomando o cuidado de não assustar a criança a ponto de ela ter medo de realizar suas atividades normais de brincar com os amigos, ir a casa de vizinhos e ter uma vida social normal.

vi. Observando as brincadeiras é que podemos identificar possíveis casos de abuso. Nesses momentos, crianças que foram abusadas, podem demonstrar um comportamento sexual diferenciado das outras crianças, saber mais sobre sexo, conhecer os órgãos genitais, conhecer o esperma, o cheiro do esperma, ter atitudes mais sexualizadas e não parar uma brincadeira, mesmo ela causando dor.

vii. A partir dos 5 anos a criança começa a desenvolver sua sexualidade de uma forma mais social e intensa. É a partir dessa idade que elas começam a falar palavrões com frequência, sem necessariamente saber ou entender o significado deles. Ficam constrangidas ao ver beijos na televisão ou em filmes, dão risadinhas de situações onde está envolvida a sexualidade. Aumenta sua curiosidade em relação ao próprio corpo e ao sexo oposto. Fazem perguntas de onde surgiram os bebês? De onde eu vim? É quando também começa a surgir o sentimento de privacidade e da compreensão da necessidade de se cobrir ou bater à porta do banheiro antes de entrar.

Nesta fase a criança ainda imita os comportamentos aprendidos dos pais e vão lidar com essa sexualidade emergente da maneira social e familiar em que foram educadas.

viii. À medida que os anos vão passando os interesses pela sexualidade vão ficando mais intensos e são mais frequentes as oportunidades de experimentar essas sensações. A intenção erótica das brincadeiras pode aumentar à medida que as crianças vão crescendo, mas a brincadeira sexual é esporádica e não necessariamente aumenta com a chegada da puberdade.

ix. Neste período podemos desconfiar que uma criança possa estar sendo abusada se ela apresenta comportamentos impróprios para a idade como: masturbar-se em público ou excessivamente, forçar outras crianças a atividades sexuais, nas brincadeiras com outras crianças mostra um comportamento adulto ou o conhecimento sexual de um adulto ou não interrompe seu comportamento sexual quando solicitam que o faça.

x. Ao chegar a adolescência ficam cada vez mais reticentes às atividades sexuais em público e já são capazes de perceber as restrições sociais para as práticas sexuais. Durante a adolescência, é mais comum a masturbação e a atração por colegas do sexo oposto ou do mesmo sexo. Nessa fase, também podem desenvolver atração por pessoas mais velhas como professores, artistas, cantores, esportistas o que não dá o direito a essas pessoas de explorar a sexualidade do adolescente em formação. Em geral, essa atração é considerada uma exploração de modelos sexuais que estão sendo definidos pelo jovem e que, necessariamente, não deseja fazer sexo com essas pessoas.

Quadro 16 Fases do desenvolvimento sexual segundo SANDERSON

Mesmo que um adolescente tenha um comportamento sexual inapropriado com um adulto, nesses casos, é sempre dever do adulto conter os impulsos sexuais e orientar o jovem sobre necessidades de atenção, aceitação e afeto e nunca usar isso como forma de obter gratificação sexual.

— CAPÍTULO 4 —
PREVENÇÃO E INTERVENÇÃO

Partindo do princípio que o ASIA pode acontecer com qualquer criança, em qualquer nível social e familiar, é importante começar a identificar que ações a comunidade e a escola podem realizar para fazer a prevenção ao ASIA. Essa ação tem por objetivo eliminar ou reduzir os fatores sociais, culturais e ambientais que favorecem os maus tratos e o ASIA.

A implantação de políticas sociais básicas, de caráter informativo geral que devem ser dirigidas a toda população: grupos de mães, pais, adolescentes, escolas e igrejas de todos os credos.

A escola, por ser uma instituição que ocupa um lugar privilegiado na rede de atenção à criança e ao adolescente, deve assumir papel de protagonista na prevenção da violência sexual contra crianças e adolescentes.

O primeiro passo da prevenção primária é fornecer subsídios para ajudar a escola a informar a comunidade escolar sobre a realidade da violência sexual e maus tratos contra crianças e adolescentes.

Além de informar a comunidade escolar, nas páginas que se seguem, são sugeridas outras medidas tais como o desenvolvimento de um programa de educação para saúde sexual com toda a comunidade escolar e a realização de atividades que criem, na escola, um ambiente que verdadeiramente inclua crianças com necessidades especiais, que passaram por experiências de abuso e maus tratos e que estão fragilizadas e sujeitas a novas formas de abuso.

Em outro momento, trata da prevenção secundária do abuso, a qual visa à identificação precoce de crianças em "situação de risco", impedindo que atos de violência aconteçam e/ou se repitam. São ações que devem incidir sobre situações de maus tratos já existentes.

Os educadores poderão desenvolver sua capacidade de reconhecer indícios de abuso em crianças, preparando-se, assim, para interromper o ciclo de violência sexual e maus tratos. As informações e pistas aqui transmitidas contribuem para "treinar" o olhar dos educadores para identificar sinais de abuso que não deixam marcas. Possibilitam ainda aperfeiçoar as habilidades de escuta e a capacidade de abordar essa temática tão delicada e penosa para as próprias crianças.

A notificação das ocorrências de abuso às autoridades competentes pode representar o fim do "pacto do silêncio", o fim do pesadelo de crianças e adolescentes, assim como o fim da impunidade dos agressores. Esta cartilha traz orientações detalhadas sobre como fazer a notificação. Ele também apresenta todo o caminho que a denúncia percorre dentro do chamado sistema de garantia de direitos da criança e do adolescente, com objetivo de informar os educadores sobre o fluxo e os desdobramentos da notificação.

Ao notificarem os casos de abuso e maus tratos e acompanharem os desdobramentos da denúncia, pais e educadores interagem com esse conjunto de instituições o que, certamente, contribui para que esse sistema funcione e para o fortalecimento da rede de proteção da criança e do adolescente.

A prevenção terciária que tem como objetivo o acompanhamento integral da vítima e do agressor.

Mediante o fato consumado, deve-se trabalhar para que ele não se repita. As ações a serem desenvolvidas nesta área devem priorizar imediato encaminhamento da criança/adolescente ao serviço educacional, médico, psicológico e jurídico-social. Isso é fundamental para diminuir as sequelas do abuso sexual e maus tratos no cotidiano da criança adolescente e evitar que se eles tornem abusadores quando adultos.

Simultaneamente, devem-se tomar providências para responsabilizar e dar assistência ao abusador, permitindo que ele possa buscar ajuda psicológica para elaborar suas necessidades de atenção, aceitação e afeto e evitar que torne a abusar sexualmente de outras crianças.

As escolas podem dar uma grande contribuição na implantação deste plano, colocando em prática as medidas sugeridas. Este livro foi concebido para ajudar a escola a preparar um material didático simples, que possa ser utilizado em reuniões de professores, cursos de treinamento, jornadas pedagógicas, reuniões com pais e, sobretudo, em sala de aula.

Entre outras iniciativas, a escola pode utilizar o conteúdo do livro em aulas expositivas, reproduzir partes dele em transparências, fazer cópias ampliadas, criar cartazes feitos à mão ou mesmo buscar patrocínio local para imprimir os cartazes e panfletos informativos.

Para aqueles educadores que quiserem pesquisar mais, se aprofundar sobre o tema, incluímos, na parte final da cartilha, uma bibliografia com os manuais que subsidiaram este trabalho.

O nosso maior desejo é oferecer um instrumento que, ao mesmo tempo, traga esclarecimentos sobre o tema e seja uma ferramenta de trabalho. Nesse sentido, ele pode ser considerado tanto um compêndio de contribuições de todas as partes do país uma vez que reúne elementos que integraram a análise teórica e a experiência concreta no enfrentamento do fenômeno desses dez últimos anos, quanto um manual para ação cotidiana, na medida em que reúne esse saber acumulado, contribuindo para que a escola ajude crianças e adolescentes que sofrem ou sofreram maus tratos, violência sexual doméstica e exploração sexual.

É nosso desejo também contribuir para construir, no dia-a-dia, uma cultura de cidadania que estimule a sexualidade saudável de crianças e adolescentes. Uma sexualidade que conjugue sexo com afeto, e não, sexo com violência e dor. (Guia Escolar, 2003)

TREINANDO O OLHAR DO EDUCADOR PARA IDENTIFICAR O ABUSO SEXUAL

Reunimos os principais sinais da ocorrência de abuso para ajudar o educador a "enxergar" esta situação e "agir" sobre ela. Contudo, é importante lembrar que as evidências de ocorrência de violência sexual são compostas não somente por um, mas por um conjunto de indicadores apresentados pela criança e listados abaixo.

Se o educador desconfia que uma criança esteja sofrendo maus tratos ou violência sexual, mesmo que seja apenas suspeita, deve conferir. Em caso de indecisão, peça a opinião de seus colegas de trabalho. Porém, lembre-se sempre de proteger a identidade da criança.

Na segunda parte, damos uma série de sugestões sobre como abordar a criança a fim de verificar o que está acontecendo com ela.

Se o educador preferir, ele pode também discutir suas opiniões e ações com profissionais de outras áreas como médicos, advogados, psicólogos, assistentes sociais.

Indicadores de abuso na conduta da criança/adolescente

Sinais corporais ou provas materiais
• Enfermidades psicossomáticas, as quais são uma série problemas de saúde sem aparente causa clínica, tais como dor de cabeça, erupções na pele, vômitos e outras

dificuldades digestivas que têm, na realidade, fundo psicológico e emocional;
- Infecções Sexualmente Transmissíveis (ISTs, incluindo HIV/AIDS), diagnosticadas através de coceira na área genital, infecções urinárias, ou odor vaginal, corrimento ou outras secreções vaginais e penianas e cólicas intestinais;
- Dificuldade de engolir devido à inflamação causada por gonorreia na garganta (amígdalas) ou reflexo de engasgo hiperativo e vômitos (por sexo oral);
- Dor, inchaço, lesão ou sangramento nas áreas da vagina ou ânus a ponto de causar, inclusive, dificuldade para caminhar e sentar;
- Canal da vagina alargado, hímen rompido e pênis ou reto edemaciados ou hiperemiados;
- Baixo controle dos esfíncteres, constipação ou incontinência fecal. Sêmen na boca, nos genitais ou na roupa;
- Roupas íntimas rasgadas ou manchadas de sangue.
- Gravidez precoce ou aborto;

- Ganho ou perda de peso, visando afetar a atratividade do agressor.;
- Traumatismo físico ou lesões corporais, por uso de violência física.

Quadro 17 Sinais corporais ou provas materiais

Sinais Comportamentais ou Provas Imateriais

• Medo ou mesmo pânico de uma certa pessoa ou um sentimento generalizado de desagrado quando a criança é deixada sozinha em algum lugar com alguém;

• Medo do escuro ou de lugares fechados;

• Mudanças extremas, súbitas e inexplicadas no comportamento, tais como oscilações no humor entre retraída e extrovertida;

• Mal-estar pela sensação de modificação do corpo e confusão de idade;

• Regressão a comportamentos infantis, tais como choro excessivo sem causa aparente, enurese, chupar dedos;

• Baixo-nível de estima própria e excessiva preocupação em agradar os outros;

• Vergonha excessiva, inclusive de mudar de roupa em frente a outras pessoas;

- Culpa e autoflagelação;
- Comportamento destrutivo, agressivo, raivoso, principalmente dirigido contra irmãos e um dos pais não incestuosos;
- Alguns podem ter transtornos dissociativos na forma de personalidade múltipla;
- Expressão de afeto sensualizada ou mesmo certo grau de provocação erótica, inapropriado para uma criança.
- Masturbar-se compulsivamente;
- Desenhar órgãos genitais com detalhes e características além de sua capacidade etária;
- Abandono de comportamento infantil, dos laços afetivos, dos antigos hábitos lúdicos, das fantasias, ainda que temporariamente;
- Mudança de hábito alimentar, perda de apetite (anorexia) ou excesso alimentação (obesidade);
- Padrão de sono perturbado por pesadelos frequentes, agitação noturna, gritos, suores, provocado pelo terror de adormecer e sofrer abuso;
- Frequentes fugas de casa;
- Prática de delitos;
- Envolvimento em prostituição infanto-juvenil;
- Uso e abuso de substâncias como álcool, drogas lícitas e ilícitas;

• Assiduidade e pontualidade exageradas, quando ainda frequenta a escola. Chega cedo e sai tarde da escola, demonstra pouco interesse, ou mesmo resistência em voltar para casa após a aula;
• Queda injustificada na frequência na escola;
• Temas sexuais em desenhos, histórias e jogos;
• Distúrbios de conduta como agressividade exagerada, machucar a si mesma, tentativa de suicídio;
• Dificuldade de concentração e aprendizagem resultando em baixo rendimento escolar;
• Não participação ou pouca participação nas atividades escolares.

Quadro 18 Sinais Comportamentais ou Provas Imateriais

Indicadores na Conduta dos Pais ou Responsáveis

• As famílias incestuosas tendem a ser quietas, relacionam-se pouco. Os pais são autoritários e as mães, submissas.
• O abusador tende a ser extremamente protetor, zeloso da criança e/ou adolescente ou possessivo com a criança/adolescente, negando-lhe contatos sociais normais. Porém, lembre-se que manifestar carinho para com os filhos é importante para o crescimento saudável.

- O abusador pode ser sedutor, insinuante, especialmente com crianças e/ou adolescentes.
- O abusador crê que o contato sexual é uma forma de amor familiar.
- O abusador pode acusar a criança de promiscuidade ou de sedução sexual ou ainda acreditar que ela tenha atividade sexual fora de casa.
- O abusador pode contar histórias, referindo-se a outro agressor a fim de proteger um membro da família.
- É frequente o agressor ter sofrido esse tipo de abuso na infância (físico, sexual e emocional).
- Membros da família fazem uso de substâncias como álcool, outras drogas lícitas ou ilícitas.

Quadro 19 Indicadores na Conduta dos Pais ou Responsáveis

— CAPÍTULO 5 —
AÇÕES EFETIVAS DE PAIS E EDUCADORES

A ESCOLA INTERROMPENDO O CICLO DA VIOLÊNCIA SEXUAL E DOS MAUS TRATOS

Como a escola pode participar da prevenção da violência sexual e maus tratos contra crianças e adolescentes? Segundo ABRAPIA:

> A prevenção primária é a maneira mais econômica, eficaz e abrangente para se evitar a violência contra crianças. Através de prevenção primária atua-se para modificar condutas e formar novas culturas, sensibilizando e mobilizando a sociedade. (ABRAPIA, 2002)

Sugerimos três eixos de ações pelos quais a escola pode participar da prevenção das ocorrências de violência sexual:

1. O primeiro é informar a comunidade escolar sobre o assunto. Esse processo informativo deve integrar preferencialmente o programa de educação para a saúde sexual na escola.

2. O segundo é criar na escola um ambiente que inclua verdadeiramente aquelas crianças que são vistas pelos seus colegas e professores como "diferentes" e aquelas que são rejeitadas pelo grupo.
3. O terceiro é realizar um trabalho preventivo com os pais dos alunos da escola, principalmente com famílias de crianças em "situação de risco".

Quadro 20 Ações da Escola

O professor deve buscar conhecimento teórico e desenvolver uma postura crítica acerca de alguns temas fundamentais como: teorias sobre o desenvolvimento da sexualidade na infância e na adolescência, aspectos biológicos, psicoativos e socioculturais relacionados ao corpo, gênero e diversidade, desenvolvimento das relações afetivas, construção da autoestima e da formação da identidade sexual, métodos contraceptivos, infecções sexualmente transmissíveis, HIV/AIDS, drogas, etc.

O desempenho dos educadores e educadoras não se restringe ao provedor de informações e conhecimentos. Sua intervenção deve sensibilizar os/as participantes para a necessidade de mudança de valores e atitudes associados à sexualidade, à saúde reprodutiva e às relações de gênero. (Guia Escolar, 2003)

DESENVOLVENDO UM PROGRAMA DE EDUCAÇÃO PARA A SAÚDE SEXUAL COM TODA A COMUNIDADE ESCOLAR

A prevenção da violência sexual contra crianças e adolescentes deve se dar dentro de um trabalho educativo global, enfocando a educação para a saúde sexual, seja ele realizado em casa, na escola ou numa entidade social. A sexualidade da criança e do adolescente precisa se desenvolver em um ambiente propício para que eles tenham uma vida sexual saudável e feliz. A prevenção e o cuidado em relação à violência sexual não podem se transformar em medo de sexo. ABRAPIA (1997).

> Dar continuidade à Campanha Nacional de Combate à Exploração Sexual Infanto-Juvenil, estimulando o lançamento de campanhas municipais que visem a modificar concepções, práticas e atitudes que estigmatizam a criança e o adolescente em situação de violência sexual, utilizando como um marco conceitual o ECA e as normas internacionais pertinentes, e levando em consideração o direito ao desenvolvimento sexual saudável. (Programa Nacional de Direitos Humanos, artigo 141)

A sexualidade ainda é tratada como um tabu, por isso mesmo as campanhas de educação para saúde sexual devem ser estrategicamente preparadas antes de serem implantadas. Saber a hora e a melhor maneira de falar sobre sexualidade com as crianças e seus pais é muito importante. (ABRAPIA, 2002).

OS ASPECTOS JURÍDICO-LEGAIS

A existência e a persistência do abuso sexual não têm só a ver com os atos dos agressores contra as vítimas, mas também com a capacidade normatizadora, controladora e fiscalizadora da sociedade. Ou seja, a sociedade, através de instituições do Legislativo, Executivo e Judiciário, tem poder para regular quais práticas sexuais são legais ou ilegais e as modalidades que são consideradas violência e crime. Tem também o poder de exigir e fiscalizar o cumprimento da lei e estabelecer medidas para corrigir as transgressões e violações dessas leis e normas sociais.

Os cidadãos participam desse processo, elegendo seus representantes, pagando impostos, reivindicando o cumprimento das leis estabelecidas e ajudando implantar políticas e programas sociais.

Assim, por mais que alguns pais ou padrastos desejem sexualmente seus filhos e enteados ou que grupos de pedófilos expressem o direito de desejar crianças e adolescentes, a sociedade reconhece por meio de suas leis e normas que as crianças e adolescentes são sujeitos em condição peculiar de desenvolvimento.

Além disso, as leis e normas sociais implicam a criminalização dos avanços sexuais contra adolescentes (particularmente aqueles menores de 14 anos) por adolescentes mais velhos ou adultos.

Embora as leis ainda estejam baseadas na noção de inocência da criança ou na sua falta de capacidade de prover "consentimento" em razão da idade, o principal aspecto a ser reivindicado aqui é justamente o ético.

Existe um poder desigual entre adultos e crianças. Os adultos têm hegemonia desse poder. Por isso mesmo, o adulto deve respeitar e proteger as crianças e os adolescentes, saber lidar com o desejo deles e se responsabilizar pelas transgressões das leis.

E ainda é preciso ser dito que, quando o adulto submete a criança aos seus desejos incestuosos e pedofílicos, ele também a leva a quebrar o padrão considerado "normal" de socialização de crianças e adolescentes. Ainda que se possa questionar o que seja "normal" e a própria desigualdade dessa normalidade, o padrão tem um valor normativo maior do que a lei em si mesma. A quebra dele pode marcar a criança, estigmatizá-la e apartá-la da sociedade pelo resto de sua vida, se a ela não for oferecido apoio apropriado.

A existência de leis adequadas e claras contra o abuso sexual, acompanhadas de campanhas educativas, garante a punição exemplar dos transgressores, podendo quebrar o ciclo de impunidade que impera nesta área.

Existem muitas dificuldades inerentes ao processo de notificação dos casos de abuso às autoridades competentes e ao funcionamento do sistema de garantias de direitos. Esta cartilha poderá ajudar aquelas escolas que ainda se encontram dentro das cifras de omissão social. Contudo, é sempre válido lembrar que a aplicação de leis por si mesma não é suficiente, é preciso educar a população.

A educação é a melhor prevenção.

OS CRIMES SEXUAIS E O ESTATUTO DA CRIANÇA E DO ADOLESCENTE

Nenhuma criança ou adolescente será objeto de qualquer forma de negligência, discriminação, exploração, violência, crueldade e opressão, punido na forma da lei qualquer atentado, por ação ou omissão, aos seus direitos fundamentais (Artigo 50 do Estatuto da Criança e do Adolescente).

O ECA faz muito mais do que somente reforçar um princípio constitucional, ele toma medidas concretas para proteger as crianças e adolescentes e punir os responsáveis por crimes sexuais. Entre as medidas estabelecidas estão:

- A obrigatoriedade de notificação dos casos de abuso aos conselhos tutelares;
- O afastamento do agressor da moradia comum;
- A proibição de uso de crianças e adolescentes em produtos relacionados com a pornografia;
- A criminalização de pessoas e serviços que submetem crianças e adolescentes à prostituição e à exploração sexual e;

- O agravamento das penas do Código Penal para os crimes de maus tratos, estupro e atentado violento ao pudor, quando cometidos contra crianças abaixo de 14 anos.

Quadro 21 Algumas medidas estabelecidas pelo ECA

Mesmo com os avanços do ECA e da proposta do novo Código Penal, a legislação brasileira ainda necessitará de mais instrumentos para combater o abuso e a exploração sexual contra crianças e adolescentes.

A proposta de novo Código avança ao incluir os crimes sexuais contra "a dignidade sexual", mas não avança a ponto de incluí-los no elenco de crimes contra a pessoa; usa nomenclatura confusa (e não coerente com o ECA) quando se trata da questão da pornografia; ainda não oferece instrumentos para incriminar clientes da prostituição infanto/juvenil.

Além disso, o mais lamentável, no que concerne à responsabilização e tratamento do agressor, o anteprojeto não oferece a possibilidade de penas alternativas para os crimes sexuais.

Caberá à Frente Parlamentar pela Infância, que está estudando a proposta de novo Código Penal, sugerir alterações para fortalecer o instrumental jurídico de combate à violência sexual, corrigindo as ausências e inadequações daquela proposta.

PORQUE DEVEMOS DENUNCIAR OS CASOS DE ABUSOS SEXUAIS?

Como dito anteriormente, a denúncia pode contribuir para interromper o ciclo da violência sexual/maus tratos contra a criança e o adolescente. Não denunciar pode acarretar até o suicídio da criança ou do adolescente.

Porque o Estatuto da Criança e do Adolescente no seu Artigo 13 prescreve: "Os casos de suspeita ou confirmação de maus tratos contra criança ou adolescente serão obrigatoriamente comunicados ao Conselho Tutelar da respectiva localidade, sem prejuízo de outras providências legais".

No Artigo 245, o ECA estabelece uma multa de 3 a 20 salários de referência (aplicando-se o dobro em caso de reincidência):

> (...) se deixar o médico, professor ou responsável por estabelecimento de atenção à saúde e de ensino fundamental, pré-escola ou creche, de comunicar à autoridade competente os casos de que tenha conhecimento, envolvendo suspeita ou confirmação de maus tratos contra criança ou adolescente. (Guia Escolar, 2003)

POR QUE MUITOS EDUCADORES, SE NEGAM A NOTIFICAR AS AUTORIDADES?

As hipóteses para que um educador se recuse a notificar os órgãos competentes acerca de abusos que sejam de seu conhecimento são muitas. Eis algumas:

Resistência Psicológica e Emocional

Muitos educadores também vivenciaram situações de abuso e inconscientemente resistem relembrar estes momentos difíceis. Porém, é preciso lembrar a estas pessoas qual é o custo deste silêncio para a sua vida social, emocional e psicológica, reforçando que uma atitude de denúncia pode contribuir para o próprio processo de elaboração da violência sofrida, podendo também ajudar outras crianças a não "passarem o que ela passou".

Quadro 22 Resistência Psicológica e Emocional

Falta de Percepção das Situações de Abuso e Informação de como Proceder

O olhar de muitos educadores não está orientado a identificar as evidências de ocorrência de abuso. Alguns educadores suspeitam da ocorrência, mas não sabem como abordar a criança, como realizar a denúncia nem mesmo a quem recorrer.

Quadro 23 Falta de Percepção das Situações de Abuso

Falta de Tempo

Muitos educadores, sabendo que essas ações demandam tempo tanto para a proteção das crianças quanto para a responsabilização dos agressores, acabam por se omitir. Deve-se lembrar que omissão também é crime.

Quadro 24 Falta de Tempo

Medo de se envolver em complicações

Muitos educadores e autoridades escolares têm medo de complicações com as famílias das crianças ou com os agressores. É importante lembrar que os integrantes da equipe da escola podem fazer uma denúncia anônima, apesar de essa não ser a melhor solução. Também é possível pedir proteção à polícia em casos de ameaça.

Quadro 25 Medo de se Envolver em Complicações

Falta de Credibilidade na Polícia e na Justiça

Muitos educadores não acreditam que a notificação possa garantir a proteção da criança ou que a Justiça irá responsabilizar os agressores. A esses educadores é importante frisar que:

i. Os serviços de disque denúncia têm registrado um número cada vez maior de denúncias, o que é um indicador de que as campanhas estão surtindo o efeito desejado.

ii. Inúmeras denúncias recebidas vêm se transformando em inquéritos. Anteriormente, os casos de exploração sexual nem chegavam à etapa da investigação.

iii. O número de agressores responsabilizados penalmente pelos seus atos vem aumentando significativamente.

iv. O número de programas de atendimento a crianças tem aumentado progressivamente, desde o começo da década de 90. Somente o Programa Sentinela (projeto do governo Federal que dá apoio a crianças e adolescentes que sofreram abuso sexuais) atendeu a cerca de 34.000 crianças e adolescentes, segundo o balanço de 2002.

Quadro 26 Falta de Credibilidade na Polícia e na Justiça

NOTIFICANDO AS SUSPEITAS OU OCORRÊNCIAS DE VIOLÊNCIA SEXUAL

O que fazer quando há suspeitas de violência sexual ou dúvidas sobre o diagnóstico?

Como previsto em lei, mesmo nos casos de suspeita, a notificação dever ser feita ao Conselho Tutelar. Existe o número de denuncia anônimo (DISK 100) ou podemos realizar a denúncia de forma anônima pelo Conselho Tutelar de sua cidade.

Quadro 27 O que fazer quando há suspeitas de violência sexual ou dúvidas sobre o diagnóstico?

Como proceder a notificação e para onde encaminhá-la?

As notificações poderão ser encaminhadas aos órgãos competentes de quatro maneiras: por telefone, por escrito, visita a um órgão competente ou solicitação de atendimento na própria escola.

Quadro 28 Como proceder a notificação e para onde encaminhá-la?

Como trabalhar a prevenção ao abuso sexual?

Colocando em prática um programa em Educação Sexual

Um bom programa em educação sexual (ECOS, 2003) deve levar em consideração os seguintes pressupostos:

i. Toda pessoa tem dignidade e valor próprio.
ii. A sexualidade é parte da vida de todas as pessoas.
iii. A sexualidade inclui dimensões biológicas, éticas, espirituais, psicológicas e culturais.
iv. Os indivíduos expressam sua sexualidade de várias formas.
v. O exercício da sexualidade compreende aprender o respeito ao corpo, aos próprios sentimentos e aos outros.
vi. Numa sociedade pluralista, as pessoas deveriam respeitar a diversidade de valores e crenças existentes sobre a sexualidade.
vii. Todas as crianças deveriam ser amadas, respeitadas e cuidadas.
viii. Indivíduos e sociedade se beneficiam quando as crianças são capazes de conversar sobre sexualidade com seus pais e/ou outros adultos responsáveis.

ix. Explorar a própria sexualidade faz parte da busca do bem-estar sexual.

x. Relacionamentos sexuais nunca deveriam ser coercitivos ou exploradores.

xi. Pessoas jovens que têm relacionamentos sexuais precisam ter acesso a informações e programas de saúde de qualidade.

Quadro 29 Como trabalhar a prevenção ao abuso sexual?

COMO CONVERSAR COM A CRIANÇA SOBRE OS PERIGOS DOS ABUSOS SEXUAIS

É muito importante quando for conversar com crianças sobre os perigos dos abusos sexuais não incutir medo no relacionamento da criança com a sociedade de uma forma geral.

É preciso usar a terminologia correta, falar sobre os perigos, como se prevenir sem necessariamente descrever detalhes sexuais.

Se a criança se sentir amedrontada não vai conseguir assimilar as informações recebidas ou se o adulto na hora de passar a informação se sentir constrangido ou envergonhado, a criança pode interpretar isso como vergonha e culpa em falar sobre sexualidade e ter medo de falar sobre qualquer experiência nesse sentido.

É importante também usar uma linguagem apropriada a cada idade, fornecendo as informações de uma maneira contínua e eficaz.

Não adianta querer passar todas as informações de uma única vez, em uma palestra, por exemplo, que a criança não será capaz de assimilar tudo o que foi dito. O ideal é que exista horários e dias programados para as aulas de educação sexual e que as informações sejam desenvolvidas de acordo com as necessidades da turma, que podem ser antecipadamente determinadas em comum acordo com os alunos. Os temas podem ser decididos pelos próprios alunos. A mesma informação pode ser assimilada de formas diferentes de acordo com a idade e o nível de desenvolvimento de cada um.

Falar sobre o "perigo de estranhos" requer uma definição sobre o que são "estranhos". Uma criança pode não considerar estranho uma pessoa que ela conversou por duas ou três vezes, um vizinho ou amigo distante da família, pessoas que elas conhecem de vista e com quem não convivem. As crianças devem ser orientadas a serem educadas com pessoas conhecidas, mas isso não significa que elas tenham que fazer coisas que essas pessoas peçam.

Pais e professores devem orientar seu filhos sobre não aceitar convites para sair ou visitar alguém sem antes pedir o consentimento. Explicar também sobre quem pode tocar o corpo da criança, de que forma, em que situações, do toque bom e do toque ruim. A criança precisa saber que ninguém tem o direito de tocá-las ou de ameaçá-las e que, se isso ocorrer, elas podem contar sobre o que está acontecendo sem medo de serem punidas. Essa mensagem deve ser reforçada no contato diário com a criança para que ela possa internalizar essa informação e sentir-se segura.

A criança deve sempre confirmar com os pais ou com um adulto de confiança antes aceitar qualquer coisa, antes de ir a algum lugar ou entrar no carro de alguém, mesmo que seja conhecido.

É importante que a criança saiba seu nome, endereço, número de telefone e o nome dos pais, que não há problemas em dizer "não", se alguém tentar tocá-la ou ameaçá-la de maneira que a faça se sentir com medo, aflita ou confusa e em tentar sair da situação o mais rápido possível.

Lembrar a criança de que não há problema em dizer "não" e que haverá sempre alguém para ajudá-la e que ela tem o direito de estar segura. Fazê-la acreditar que é forte, esperta e que tem o direito de ficar em segurança.

Outras informações que pais e professores devem saber para proteger as crianças:

- Sempre saber onde as crianças estão e com quem;
- Construir um relacionamento bom, aberto e de confiança;

- Ouvir atentamente quais são os medos e as preocupações das crianças e informá-los corretamente sem receios de falar abertamente;
- Ficar alerta com qualquer pessoa que trate a criança de uma forma incomum;
- Não ficar embaraçados quando falar sobre os perigos do ASIA com as crianças;
- Ajudar a entender o que é um comportamento apropriado entre adultos e crianças;
- Encorajar a criança a contar sobre qualquer comportamento inapropriado de um adulto, mesmo que seja alguém muito próximo;
- Explicar às crianças a diferença entre segredos bons e ruins;
- Ensinar as crianças a terem confiança e a se recusarem a fazer algo que sintam que é errado ou que lhes cause danos.

Quadro 30 Outras informações úteis para pais e professores

Esses conceitos podem não impedir definitivamente o abuso sexual, mas ajudarão a criança a ter segurança para contar sobre o que está acontecendo, encontrar apoio e ajuda dos pais e professores para elaborar suas experiências e lidar com as consequências em suas vidas. (SANDERSON, 2005)

— CAPÍTULO 6 —
CONSIDERAÇÕES IMPORTANTES, MAS NÃO FINAIS!

COMO MOBILIZAR A SOCIEDADE PARA ENFRENTAR O ABUSO SEXUAL NA INFÂNCIA

A responsabilidade em prevenir os abusos sexuais para SANDERSON (2005) não deve ser só dos pais, professores ou dos meios legais e jurídicos.

Toda a sociedade deve ser sensibilizada para a questão do abuso e das consequências disso no nosso meio. As crianças têm direito a segurança e proteção.

Falar sobre o abuso sexual na infância é ainda uma coisa que choca a todos. Se pais, professores e adultos de uma forma geral, têm dificuldades em falar sobre o tema não é a toa que as crianças fiquem caladas.

Ter consciência sobre o ASIA, sobre como acontece, suas consequências, manter um diálogo público saudável abordando o tema de forma ética e responsável, pode capacitar pais e professores a tratar do assunto na escola e na comunidade contribuindo para proteger nossas crianças. Não falar sobre o ASIA colabora com a necessidade do abusador de manter o silêncio.

Para prevenir o ASIA, se faz necessário rever os mitos e ideias ultrapassadas que ainda carregamos rever nosso sistema jurídico, nossos meios de proteção à criança, nossos preconceitos e tabus em relação à sexualidade e a forma como lidamos com essas informações no meio social, escolar e familiar.

Os meios de comunicação tem um papel fundamental na divulgação de novos conceitos e campanhas que possam desmitificar as informações ultrapassadas que ainda mantemos sobre o ASIA e suas consequências. É fundamental que possamos avançar em pesquisas e informações corretas sobre a questão para direcionar adequadamente as nossas ações no sentido da prevenção ao abuso.

Somente investindo em pesquisas poderemos dar a verdadeira dimensão ao problema, encontrar soluções palpáveis e realistas para enfrentar os tabus e preconceitos existentes e agir acertadamente para proteger nossas crianças e adolescentes da violência física, emocional e sexual a que estão expostas.

REFERÊNCIAS BIBLIOGRÁFICAS

AQUINO, Júlio Groppa, (org.) **Sexualidade na Escola: Alternativas Teóricas e Práticas.** São Paulo. Summus: 1997.

ARRILHA, Margareth, UNBEHAUM, Sandra, MEDRADO, Benedito. **Homens e Masculinidade: Outras Palavras.** São Paulo. ECOS/Editora 34: 2001.

AZEVEDO, Maria Amélia, GUERRA, Viviane N.A.,(orgs.) **Infância e Violência Doméstica: Fronteiras do Conhecimento.** São Paulo. Cortez: 2005.

BIAGGIO, Angela M.B. **Psicologia do Desenvolvimento.** Petrópolis. Vozes: 1976.

BRASIL, **ESTATUTO DA CRIANÇA E DO ADOLESCENTE,** CBIA/Ministério da Ação Social/FBB.

BRASIL, MEC/SECRETARIA DE EDUCAÇÃO FUNDAMENTAL. **Parâmetros Curriculares Nacionais. Tema Transversal: Orientação Sexual (1ª a 4ª séries).** Brasília. MEC/SEF: 1997/1998

BRASIL, MEC e Secretaria Especial dos Diretos Humanos. **Guia Escolar – Métodos para Identificação de Sinais de Abuso e Exploração Sexual em Crianças e Adolescentes.** Brasília: 2003
BRASIL, SECRETARIA ESPECIAL DOS DIREITOS HUMANOS, Eva Faleiros (org.), **O Abuso Sexual Contra Crianças e Adolescentes: Os (des)caminhos da Denúncia.** Brasília: 2003.

DIMENSTEIN, Gilberto. **Meninas da Noite**. São Paulo. Ática: 1992

ECOS, Comunicação em Sexualidade. **Sexo sem Vergonha: uma Metodologia de Trabalho com Educação Sexual**. ECOS. São Paulo: 2001.

ECOS, Comunicação em Sexualidade. **Caderno da Hora: Juventude e Violência de Gênero**. ECOS. São Paulo: 2005.

EGYPTO, Antonio Carlos (org.). **Orientação Sexual na Escola: Um Projeto Apaixonante**. São Paulo.Cortez: 2003.

FORWARD, Susan. BUCK Craig. **Pais Tóxicos**. Ed. Rocco: São Paulo, 1986.

_____.**A Traição da Inocência – O Incesto e sua Devastação**. Ed. Rocco: 1989.

GTPOS, ABIA, ECOS. **Guia de Orientação Sexual: Diretrizes e Metodologia**. Casa do Psicólogo. São Paulo: 1994.

SANDERSON, Christiane. **Abuso Sexual em Crianças: Fortalecendo Pais e Professores para Proteger Crianças de Abusos Sexuais**. M.Books: São Paulo, 2005

SÃO PAULO, PROGRAMA DST/AIDS – Secretaria de Educação e Saúde. **Fala Garota! Fala Garoto!** São Paulo: 1996.

— ÍNDICE —

Quadro 1 Mito 1 - O Abuso Sexual de Crianças é uma Coisa Rara 11
Quadro 2 Mito 2 - As Meninas Correm ais Riscos de Serem Abusadas Sexualmente do que os Meninos 12
Quadro 3 Mito 3 - O Abuso Sexual Acontece Somente em Certas Comunidades Culturais ou Sociais 12
Quadro 4 Mito 4 - O Abuso Sexual em Crianças Só Ocorre em Famílias Desestruturadas 13
Quadro 5 Mito 5 - O Abuso Sexual em Crianças está aumentando 14
Quadro 6 Mito 6 - Só Estranhos Abusam Sexualmente de Crianças e Adolescentes 14
Quadro 7 Mito 7 - Abusadores Sexuais São Monstros 16
Quadro 8 Mito 8 - As Crianças Mentem e Fantasiam Muitas Coisas, incluindo o Abuso Sexual 17
Quadro 9 Mito 9 - O Abuso Sexual em Crianças Não Causa Danos 18
Quadro 10 Mito 10 - Pais e Responsáveis são Capazes de Determinar se uma Criança está sendo Abusada Sexualmente 19
Quadro 11 Mito 11 - Devemos Evitar Falar Sobre ASIA Para Não Assustar As Crianças 20
Quadro 12 Incidências no Brasil 26
Quadro 13 Incidências nos EUA 27
Quadro 14 Relação entre incesto e pedofilia 39
Quadro 15 Algumas razões para o silêncio da vítima 41
Quadro 16 Fases do desenvolvimento sexual segundo SANDERSON 48
Quadro 17 Sinais corporais ou provas materiais 57
Quadro 18 Sinais Comportamentais ou Provas Imateriais 59
Quadro 19 Indicadores na Conduta dos Pais ou Responsáveis 60
Quadro 20 Ações da Escola 62
Quadro 21 Algumas medidas estabelecidas pelo ECA 68
Quadro 22 Resistência Psicológica e Emocional 70
Quadro 23 Falta de Percepção das Situações de Abuso 71
Quadro 24 Falta de Tempo 71
Quadro 25 Medo de se Envolver em Complicações 72
Quadro 26 Falta de Credibilidade na Polícia e na Justiça 73
Quadro 27 O que fazer quando há suspeitas de violência sexual ou dúvidas sobre o diagnóstico? 73
Quadro 28 Como proceder a notificação e para onde encaminhá-la? 74

Quadro 29 Como trabalhar a prevenção ao abuso sexual?........................ 76
Quadro 30 Outras informações úteis para pais e professores 80